中国历代名窑

◎ 主编 金开诚

◎ 编著 邵 蔚

吉林出版集团有限责任公司

吉林文史出版社

图书在版编目（CIP）数据

中国历代名案 / 邵蔚编著 . —长春：吉林出版集团有限责任公司，2011.4（2022.1重印）

ISBN 978-7-5463-4973-2

Ⅰ.①中… Ⅱ.①邵… Ⅲ.①案例–汇编–中国–古代 Ⅳ.① D929.2

中国版本图书馆 CIP 数据核字（2011）第 053367 号

中国历代名案

ZHONGGUO LIDAI MINGAN

主编/ 金开诚 编著/邵 蔚

项目负责/崔博华 责任编辑/崔博华 高原媛

责任校对/高原媛 装帧设计/李岩冰 张 洋

出版发行/吉林文史出版社 吉林出版集团有限责任公司

地址/长春市人民大街4646号 邮编/130021

电话/0431-86037503 传真/0431-86037589

印刷/三河市金兆印刷装订有限公司

版次/2011 年 4 月第 1 版 2022 年 1 月第 5 次印刷

开本/650mm×960mm 1/16

印张/9 字数/30千

书号/ISBN 978-7-5463-4973-2

定价/34.80元

编委会

主　任: 胡宪武

副主任: 马　竞　周殿富　董维仁

编　委（按姓氏笔画排列）:

于春海　王汝梅　吕庆业　刘　野　孙鹤娟

李立厚　郏　正　张文东　张晶昱　陈少志

范中华　郑　毅　徐　潜　曹　恒　曹保明

崔　为　崔博华　程舒伟

前　言

　　文化是一种社会现象，是人类物质文明和精神文明有机融合的产物；同时又是一种历史现象，是社会的历史沉积。当今世界，随着经济全球化进程的加快，人们也越来越重视本民族的文化。我们只有加强对本民族文化的继承和创新，才能更好地弘扬民族精神，增强民族凝聚力。历史经验告诉我们，任何一个民族要想屹立于世界民族之林，必须具有自尊、自信、自强的民族意识。文化是维系一个民族生存和发展的强大动力。一个民族的存在依赖文化，文化的解体就是一个民族的消亡。

　　随着我国综合国力的日益强大，广大民众对重塑民族自尊心和自豪感的愿望日益迫切。作为民族大家庭中的一员，将源远流长、博大精深的中国文化继承并传播给广大群众，特别是青年一代，是我们出版人义不容辞的责任。

　　本套丛书是由吉林文史出版社和吉林出版集团有限责任公司组织国内知名专家学者编写的一套旨在传播中华五千年优秀传统文化，提高全民文化修养的大型知识读本。该书在深入挖掘和整理中华优秀传统文化成果的同时，结合社会发展，注入了时代精神。书中优美生动的文字、简明通俗的语言、图文并茂的形式，把中国文化中的物态文化、制度文化、行为文化、精神文化等知识要点全面展示给读者。点点滴滴的文化知识仿佛颗颗繁星，组成了灿烂辉煌的中国文化的天穹。

　　希望本书能为弘扬中华五千年优秀传统文化、增强各民族团结、构建社会主义和谐社会尽一份绵薄之力，也坚信我们的中华民族一定能够早日实现伟大复兴！

目录

一、晁错被诛

晁错是西汉初期伟大的政治家，年轻时学过法家学说，很受汉文帝赏识，汉文帝让他做太子的属官，后来又升为博士。在文帝当朝时，晁错除了辅佐太子外，还对当时国家大事发表意见，提出建议。这些意见和建议，大多切合实际，见识深刻，不但在当时起到了积极作用，而且对后世也产生了深远的影响。如《言兵事疏》《守边劝农疏》《贵粟疏》和《举贤良对

策》等，都是当时杰出的政论文。晁错的对策，深得文帝的嘉许，因此，文帝又把他由太子家令提升为掌管议论政事的中大夫。景帝登基之后对晁错也是颇为看重的，但晁错却在他事业的顶峰时期突然被处以极刑，他的死的确是有些蹊跷，甚至让人费解。按照西汉的法律，大臣犯法，要经过廷尉的审理后报给皇帝批复才能判刑，但晁错的死是没有这个程序的，而且他还受到了景帝的欺骗。景帝下旨召他进宫议事，晁错穿着整齐的朝服，路过东市时被执行了残酷的腰斩。位列三公竟以这种方式被杀，而且晁错既是景帝的老师又是先朝老臣，如此身首异处，不能不说死得惨烈和冤枉！

西汉王朝建立初期，地方诸侯的权力很大，并且威胁到中央的统治，因此，晁错曾多次上书汉文帝,提出通过改革法令削减诸侯权力的建议。文帝虽然没有采纳他的建议,但十分赏识他的才能。当时,太子刘启也很赞成晁错的建议,而袁盎和不少大臣、功臣则持反对态度。汉文帝去世后,太子刘启即位,就是汉景帝。景帝立即提升晁错为内史(京师长安的行政长官)。晁错多次单独晋见景帝,议论国家大事,景帝对他言听计从,对其宠信程度甚至超过了九卿,丞相申屠嘉对此十分不满意,一直想寻找机会出气。正巧,内史府坐落在太上庙(刘邦父亲的庙)外面的空地上,门朝东开,进出不方便,晁错就另外开一个从南面进出的门,凿通了太上庙外空地的围墙。申屠嘉知道后想借此过失,报请皇帝杀掉晁错。晁错得到消息后,立即向皇帝说明情况。等到申屠嘉到景帝面前告状,说晁错擅自凿开庙墙开门,请把他送交廷尉处死时,景帝对申屠嘉说:"晁错凿开的不是庙墙,只是庙内空地上的围墙,

没有犯法。"申屠嘉只得谢罪而退，一气之下，发病不起，不久就死了。这样一来，晁错的地位更加巩固了，其他的大臣也不敢拿他怎么样。

申屠嘉死后，不久晁错又被提升为御史大夫，从此位列三公，他再次向景帝提出削藩的建议，这就是后世流传下来有名的《削藩策》。晁错指出，高祖封同姓王，仅齐、楚、吴三个王的封地就分去了天下的一半。他主张对犯有过错的诸侯王，应削去他们的支郡，只保留一个郡的封地，其余郡县都收归朝廷直接管辖。晁错特别指出其中危险性最大的吴王刘濞，先前吴国的太子和文帝的皇太子(即后来的景帝)下棋时被打死，吴王因此心怀怨恨，以有病为借口，不来朝见天子，按照法律本应处死。但文帝不忍心治他的罪，还赐给他一根拐杖，允许他不来朝见天子，此后二十多年，刘濞一直没有来长安朝见文帝。文帝对他算是极尽仁义了，但吴王不仅没有改过自新，反而更加骄横放肆，并且公然开采铜山铸钱，煮海水熬盐，积蓄经济实力，不断扩张武装力量，谋反叛乱之心已经很明显了。晁错的看法确实很准确，但他所提出的削地的办法，却人为地激化了矛盾，性急了一些。以西汉建国初期的实力，来对抗列国诸侯的共同反叛，是要冒相当大风险的。这也注定了他个人的悲剧命运。

果然，《削藩策》一提出来，立即在朝廷内部引起极大震动。景帝下令，让公卿、列侯和宗室共同商议，大多数人都知道景帝是站在晁错这一边的，因此没有人敢公开表示反对，只有窦婴(皇太后的亲戚)站出来，同晁错争论起来，两人因此也结了怨。最后，削藩的决定勉强通过。景帝决定：削夺赵王的常山郡、胶西王的六个县、楚王的东海郡和薛郡、吴王的豫章郡

和会稽郡。晁错还更改了三十多条诸侯的法令,在诸侯王中间引起了强烈的反对。

晁错建议削藩,也使自己的处境极其危险,就连他的父亲也特意从颍川老家赶到长安来找他,劝他说:"皇上与诸侯们毕竟是骨肉至亲,你提议削藩,是在离间他们的感情,不仅众诸侯会怨恨你,弄不好皇上也会怪罪你。"而晁错一直坚持认为这样做是为了国家的安危和天子的尊严。父亲也不得不感叹地说:"刘氏王朝当然是安宁了,但是我们晁家却危险了!"于是,这位老人回家之后就服毒自杀了,他不忍心看到晁家惨遭灭门。其实晁错本人也已经感到了危险和不安,只不过他已经把个人的生死安危置之度外了。他想用自己的忠诚和智慧回报一直相信他的明君,然而他并没有意识到自己只是皇帝独步天下的一颗棋子。

朝廷讨论削减吴国封地的消息传到吴国后,刘濞就开始策划发动叛乱。他先联络胶西王刘印密谋,约好以声讨晁错为名,共同起兵,夺取天下,许诺事成后二人平分天下,并与刘印订立盟约,刘印又串联齐地诸国,刘濞串联楚、赵诸国,相约一同起兵。景帝三年(公元前154年)正月,吴王刘濞首先在都城广陵(今江苏扬州市)起兵叛乱,并向各诸侯王国发出了宣言书,以"清君侧,诛晁错"为名,因晁错侵夺诸侯封地,挑拨刘氏骨肉关系,干预朝政,所以要举兵诛伐。同月,胶西王刘印带头杀了朝廷派到诸侯国的官吏;接着胶东王刘雄渠、苗川王刘贤、济南王刘辟光、楚王刘戊、赵王刘遂,也都先后起兵,共同向西进攻。这就是历史上著名的"吴楚七国之乱"。

吴楚等七国联兵以诛晁错为名反叛,使晁错的处境十分危险。此时,晁错本人又有两件事处置失当,更增加了这种危险。

一件是他向景帝提出建议，让景帝御驾亲征，而自己留守京城长安，使景帝对他产生了怀疑，也给其他大臣提供了攻击他的借口。谁都知道外出打仗是危险的，留下来看家是安全的，他竟然在这个时候把危险的事情留给皇帝，是极为欠考虑的。

另外一件事是他追究袁盎预先知道吴王刘濞阴谋反叛不报的罪过。据说袁盎同晁错两人的成见很深，每当晁错在座时，袁盎就走；袁盎在座，晁错也走。两人从来没有说过话。袁盎曾任过吴国相，接受过吴王刘濞的贿赂。晁错当了御史大夫以后，派人审查过袁盎的受贿案件，要判他的罪，景帝从宽发落，将他削职为平民。吴楚七国反叛的消息传到长安后，晁错还要进一步治袁盎的罪，他对属官说："袁盎受过吴王的贿赂，包庇吴王，说吴王不会造反，现在吴王造反了，应该审问袁盎

预先知道吴王反叛而不报的罪过。"由于证据不足，晁错犹豫不决。但是，却有人给袁盎通风报信，把晁错的话告诉袁盎。袁盎惊恐万分，连夜去见窦婴，商量对策。他们都是晁错的对头，暂时决定结成同盟，先下手为强，一起想出了谋害晁错的办法。

窦婴入宫，去找汉景帝，建议应该把袁盎找来问一问，因为袁盎曾做过吴国的丞相，熟悉吴国情况。汉景帝觉得有道理，就召见袁盎，召见袁盎的时候，晁错也在旁边。当时，景帝正与晁错商议调拨军粮的事。汉景帝问袁盎吴国造反的事能不能成，袁盎认为不能成什么气候。汉景帝认为吴王"煎矿得钱，煮水得盐"，那么有钱，又一大把年纪了，竟然还造反，没有充足的准备绝不会造反。就问了袁盎的看法。袁盎认为吴国有钱不假，有人也不假，但是吴王招募的是一些亡命之徒，这些人是不讲义气、不忠不义的人，不忠不义的人怎么能打得过正义之师呢? 肯定不能成气候。汉景帝一听, 认为说得不错, 就问他有没有什么好办法。袁盎立刻说他有一个主意, 但是只能单独向陛下汇报。景帝只好让晁错走开了。晁错也有一些预感, 看了一眼景帝, 然后无可奈何地退了下去。

袁盎的主意就是"今计独斩错", 他的锦囊妙计就是马上把晁错杀了, 因为现在打仗讲究师出有名, 如果没有正义之名去打仗是打不赢的, 那叫做不义之师。现在因为吴楚两国一再说他们不是造反, 是"清君侧", 是帮助皇帝巩固大汉江山。那么不管他是借口也好, 是旗号也好, 是真实原因也好, 最好的办法是把他们的嘴堵起来, 堵他们嘴的办法是杀晁错, 杀了晁错, 派使者宣布赦免吴楚七国, 恢复被削夺的封地, 就没有

起兵的理由了,他们就能不战而退,兵不血刃即可平定叛乱。袁盎的这番话,完全重复了吴王刘濞叛乱宣言中的"清君侧"的策略。景帝也因为吴楚兵强势大,心中害怕,就听信了袁盎的这番话。

景帝沉默了好久,然后说:"先看真实情况怎么样,假如真如你所说的那样,为了对得起天下,我不会爱惜某一个人。"这实际上已经是同意袁盎的主张,准备以牺牲晁错的性命来乞求吴楚等国退兵了。于是,景帝就封袁盎为太常,要他秘密整置行装,准备出使吴国。过了十多天,丞相陶青、廷尉张欧连同中尉(主管京城治安的武官)等大臣联名上了一份弹劾晁错的奏章,指责晁错提出由景帝亲征、自己留守长安以及作战初期可以放弃一些地方的主张,是"无臣子之礼,大逆无道",应该把晁错腰斩,并杀他全家。景帝为了求得一时苟安,不顾多年对晁错的宠信,昧着良心,批准了这份奏章。这时,晁错本人还完全被蒙在鼓里。诛杀晁错完全是一个突然袭击：景帝派中尉到晁错家，传达皇帝命令，骗晁错说让他上朝议事。晁错穿上朝服，跟着中尉上车走了。车马经过长安东市时，中尉停车，忽然拿出诏书，向晁错宣读，忠心耿耿的晁错就这样被腰斩了。晁错直到铡刀落地都不相信这是真的，这可谓死得冤枉，死得糊涂。这不仅是他个人的悲剧也是历史的悲剧！

景帝杀了晁错以后，就派袁盎以太常官职出使吴国，告知已杀晁错，并恢复被削封地，要求吴王退兵。这时刘濞已打了几个胜仗，夺得了不少地盘。袁盎去见刘濞，要他拜受诏书。刘濞狂妄地大笑说：

"我已为东帝，还拜什么诏书？"于是把袁盎留在军中，想任命他为将领，让他

参加叛军，袁盎不肯。刘濞就派一名都尉带五百士兵把袁盎围守在军中，还想把他杀了。袁盎得到消息后，连夜逃出吴军营地，回到长安。这样，吴王刘濞就自己揭穿了所谓"清君侧"是一个骗局。这时，从前线回长安来汇报军情的校尉邓公来见景帝，向景帝汇报了前线的实情，晁错死后，吴楚并没有退兵。邓公又向景帝劝谏说："吴王谋反已经准备了几十年，'清君侧，诛晁错'，不过是个借口，本意并不在反对晁错一个人。晁错担心诸侯王国越来越强大，朝廷不能控制，所以建议削夺他们的封地，目的是为了加强中央政府的地位，这是对万世都有利的打算啊。计划刚刚施行，竟全家被杀，这样对内堵塞了忠臣之口，对外却为诸侯王报了仇，我认为陛下这样做是不可取的。"听了邓公一番精辟的分析，景帝如梦初醒，但后悔为时已晚了。邓公这番话，显示了他见识的高深，也因此得到了景帝的赏识，被提升为城阳中尉。

用牺牲晁错和恢复被削封地的妥协办法不能使吴楚七国退兵，景帝就只能坚决使用军事手段，来平定七国叛乱了。景帝立即在军事上作出部署：太尉周亚夫率军作为主力，进攻吴楚联军；曲周侯郦寄攻打赵国军队；将军栾布攻打齐国军队；并且拜窦婴为大将军，屯兵荥阳，监视齐赵方向，作为后援。景帝召见窦婴时，窦婴开始以有病为由加以推辞。景帝再三劝说："现在国家有危急，皇亲难道可以置身事外吗？"窦婴于是也接受了任命。二月中旬，景帝又下了一道诏书，号召将士奋力杀敌，同时下令严惩参加叛乱的官吏，从

而鼓舞了汉军的士气。

周亚夫的军队来到灞上，有一个叫赵涉的人拦住周亚夫的马车献计："吴王刘濞占据的地方很富饶，他招兵买马已经准备很久了。这次您去征讨，他一定会在半路险隘之处设下埋伏。我建议将军不要走东西这条大道，而由此往南走蓝田，出五关然后去洛阳，这样虽然绕远，多走了一两天，但是在吴王意料之外，他们一定没有防备。"赵涉的建议果然收到了出奇制胜的效果。周亚夫率领的大军很快截断了吴楚联军的粮道，在昌邑城南挖深沟、筑高墙，扼制了吴兵北进，吴兵发现不能北进只好向西进攻睢阳。可是打了两个多月的消耗战，毫无进展，军心逐渐低落。更

严重的是粮食逐渐供应不上了,周亚夫看准时机,命令全部精锐部队四路出击,只一仗就把吴楚联军打败。吴王刘濞兵败被杀,其他六个谋反的诸侯王有的畏罪自杀,有的被处死。刘濞经过长期准备发动的叛乱,不到三个月就被彻底粉碎了。

景帝在平息吴楚七国叛乱之后,趁机在政治上作了一番改革。他下令诸侯王不得继续治理封国,由皇帝给他们派去官吏。他又改革诸侯国的官制,改丞相为相,裁去御史大夫等大部官吏。这就使诸侯王失去了政治权力,仅得租税而已。这样一来,中央政权的权力大大加强,而诸侯王的力量就明显地被削弱了,统一的集权制度战胜了地方割据势力。从此,汉朝才真正成为一个统一的封建帝国,社会进一步得到安定,经济和文化的发展有了可靠的保障。

晁错在历史上是一个争议颇多的人物。但可以肯定他的功劳还是很大的。晁错当然不是完人，他的缺点很明显：他太急于求成，他希望能够在有生之年实现自己的政治理想和抱负，干成一件惊天动地、轰轰烈烈的大事。他也过于个人英雄主义，他不知道即使是一个英雄，也需要有后援有后盾。而他一直孤军奋战，既无后援，也无后盾，最后皇帝也不帮他。但是，在那个时代，他确实是一个杰出的人物，是一个英明的政治家。明代李贽认为："晁错可以说他不善谋身，不可说他不善谋国。"热情赞扬了晁错为了国家利益而不顾个人安危的献身精神。应该说，这种精神是十分宝贵的。

二、巫蛊之祸

巫蛊之祸，是西汉时期汉武帝晚年时的一起重大冤案。

巫蛊是当时社会上流行的一种巫术：按照自己所怨恨的人的样子做成一个木偶，埋在地下，请巫师念咒诅咒他，这样就可以让对方遭殃，自己得福。这种庸俗的迷信把戏渐渐传入皇宫，成为统治集团内部争斗的一种手段。陈皇后利用巫蛊邀宠的事情败露之后，被打入冷宫，最终郁郁

而终。为了避免巫蛊的蔓延，汉武帝下令禁止，但这种风气流传甚广，根本就禁止不住。汉武帝本人对这一套也很迷信，因而巫蛊之祸不可避免，这也酿成了汉武帝晚年生活的一大悲剧。

丞相公孙贺的夫人是卫子夫皇后的姐姐卫君孺，因为这层关系，公孙贺一直官运亨通，官居丞相。因而他的儿子公孙敬声到处胡作非为，并且擅自动用了北军的军费一千九百万钱。这事被人告发后，汉武帝下令将公孙敬声逮捕入狱。公孙贺溺爱他这个宝贝儿子，想方设法要救他出来。恰好这时官府正在抓捕阳陵游侠朱安世，但一直毫无进展。公孙贺想用抓住朱安世来赎儿子的罪。由于公孙贺亲自督促严密搜捕，朱安世很快落网，他在狱中得知了自己这么快就被捉捕的原因，很不甘心，想了一个办法来报复公孙贺。第二天，朱安世在狱中给汉武帝上书，告发丞相公孙贺的儿子公孙敬声和阳石公主私通，而且还立祠命巫人在里面作法，诅咒宫廷。此外公孙敬声还在甘泉宫驰道旁埋下木偶，诅咒皇上。朱安世深知汉武帝痛恨行巫蛊之人，这样公孙贺一家必然要有灭门之灾。而且朱安世久居长安，知道女巫们经常出入王室贵戚之家，这样肯定会与巫蛊之事有联系，因而他抢先报复，要让公孙贺一家倒霉。果然，汉武帝接到朱安世的上书之后，勃然大怒，他派人查问，证明公孙贺一家与巫蛊有联系，而且朱安世上书中所列之事完全属实。公元前91年的正月，丞相公孙贺被革职押入大牢。一大批贵戚大臣也被卷入其中，阳石公主、诸邑公主还有卫青的儿子卫伉也在罪犯名单之中。这件案子在京城引起轰动，不久公孙贺父子在狱中被折磨致死，卫伉被杀，甚至汉武帝的两个亲生女儿也不得不奉诏自尽。

汉武帝晚年十分奢侈，常常大兴土木，以致国库空虚。汉武帝还喜欢任用酷吏，从来不把杀人当作一回事。而太子刘据

则经常劝他与民休息,尽量减轻老百姓的负担,实行宽厚仁慈的政策。于是,汉武帝逐渐对刘据产生了不满和怨恨。除太子刘据外,汉武帝还有5个儿子。在他的几个儿子中,他最喜欢的是小儿子刘弗陵。汉武帝经常夸耀刘弗陵像自己,甚至打算废掉刘据,改立刘弗陵为太子。这也为太子刘据的悲剧埋下了伏笔。

在之前镇压巫蛊之乱中备受重用的江充,很爱揣度皇帝的心思,他见武帝如此宠幸小儿子刘弗陵,便猜想刘据迟早要被废掉,而且他觉得武帝对自己的亲生女儿都能下毒手,就更加放心大胆地干起来。恰巧汉武帝龙体欠安,于是他让巫师对汉武帝说:"皇宫里蛊气很重,如果不把那些木头人挖出来,皇上的病就好不了。"汉武帝对此深信不疑,就委派江充带着一大批人到皇宫里来搜寻木头人。他们先从跟汉武帝较疏远的后宫开始,一直搜查到卫皇后和太子刘据的住室,屋里屋外都翻遍

了,也没找到一块木头。为了陷害太子刘据,
江充趁别人不注意,把事先准备好的木头
人拿出来,大肆宣扬说:"在太子宫里挖掘
出来的木头人最多,还发现了太子书写的
帛书,上面写着诅咒皇上的话。我们应该马
上奏明皇上,办他的死罪。"刘据见江充故
意陷害自己,立即到甘泉宫奏明皇上,希望
能得到皇上的赦免。而江充害怕刘据向汉
武帝揭穿自己的阴谋,赶紧派人拦住刘据,
刘据被逼得走投无路,只好让一个心腹装
扮成汉武帝派来的使者,把江充等人监押
起来。刘据借口江充谋反,命武士将他斩
首。为防不测,刘据又急忙派人通报给卫
皇后,调集军队来保卫皇宫。而这时,宦官
苏文等人逃了出去,报告汉武帝说太子刘
据起兵造反。汉武帝信以为真,下了一道诏
书,下令捉拿太子。

　　事已至此,刘据只好打开武库,把京
城里的囚犯武装起来,抵抗前来镇压"造
反"的军队。并想调集胡人军团与北军,结

果胡人军团反被汉武帝调集镇压太子叛乱，北军监护使者任安受了太子的印后却闭门不出。太子还向城里的文武百官宣布："皇上在甘泉宫养病，有奸臣起来作乱。"这样一来，弄得城里的官民也不知道究竟是谁在造反，就更加混乱起来。双方在城里混战了四五天，死伤达几万人，街上到处是尸体和血污。结果，刘据被打败，只好赶紧带着他的两个儿子逃往南门，守门官田仁放太子逃出长安，在湖县（今河南灵宝西）的一个百姓家躲了起来。不久，新安（今河南渑池东）县令李寿知道了太子的下落，就带领人马前来捉拿。刘据无处可逃，只好在门上拴了一条绳子，结果了自己。他的两个儿子和那一家的主人，也被李寿手下的张富昌等人杀死。紧接着，汉武帝派宗正刘长、执金吾刘敢前往皇宫收缴卫子夫的皇后印信。卫子夫把玺绶交出，大哭一场，最后自尽而亡。

对于参加叛乱的人，汉武帝毫不客

气。他下令：凡是太子刘据的门客，出入过宫门的，一律诛杀。凡是跟从太子作战的人，尽管有些是被胁迫加入的，全家都要发配到敦煌去。这时的汉武帝怒火冲天，

狂怒使他接近于丧失理性。大批和太子有牵连的人倒在了屠刀之下。诸大臣也是惊忧交加，不知道该怎么办才好。群臣不敢进谏，唯独老臣令狐茂给汉武帝上书，替太子刘据分辩。这时候各方面的调查结果也都呈送上来，汉武帝一眼就看明白了。卫皇后的住室和太子宫里根本就没埋过什么木头人，都是江充从中捣鬼，陷害太子和卫皇后。汉武帝也渐渐意识到太子刘据确实是在不得已的情况下，才铤而走险，至于谋反一事也是无从谈起。汉武帝懊丧不已，他自悔前时的冒失不察，因而无辜断送了子孙三人的性命。想到这些，汉武帝心中充满了悔恨。汉武帝又下诏杀掉江充全家，因为江充已经被太子杀掉，所以也无法拿他泄愤了。苏文也没有得到好下场，被

捆绑到黄门外的横桥柱上,底下架上木柴,一把明炬点起了熊熊烈火,苏文被活活烧死。

最后,汉武帝越想越难过,就派人在湖县修建了一座宫殿,叫作"思子宫",又造了一座高台,叫作"归来望思之台",借以寄托他对太子刘据和两个孙子的思念。汉武帝追悔往事,决心改变统治政策,他罢逐了为他求仙药的方士,拒绝了桑弘羊等提出的在轮台屯田和继续向西扩张的建议,又颁布了著名的《轮台诏》,哀痛自责,纠正自己的过失。同时还命令赵过推行代田法,改进农具,优先发展农业。汉武帝晚年的醒悟与转变,虽然为时已晚,但给他的继承者留下了深远的影响。昭宣之所以"中兴",不能不说与汉武帝晚年的政策转变有关。汉武帝一生业绩辉煌,晚年又能认识失误,尽力改正,是中国历史上罕见的杰出帝王。

三、直言受宮刑

　　《史记》被鲁迅称为："史家之绝唱，无韵之离骚。"它是中国古代第一部纪传体通史，这部恢弘的史学巨著在中国历史上具有相当大的影响，书中所记载的史实是经过详实考证的，历史中的人物和事件真实地一一再现，最难能可贵的是作者司马迁能够爱憎分明，秉笔直书。司马迁的一生是传奇的，他留给后人的不只是一部巨著，他敢于直言，不畏强势，并

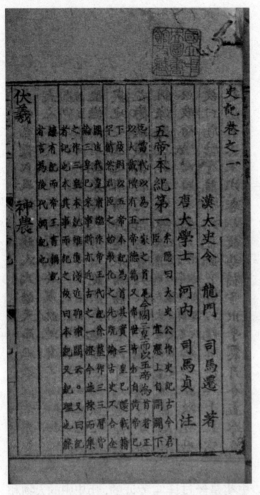

且忍辱含垢地求生存，这种精神也让我们深深地感到敬佩，而他受刑的缘由也恰好印证了他光明磊落的人生轨迹。

司马迁，字子长，龙门（今陕西韩城县）人，生于汉景帝中元五年（公元前145年），大约死于汉昭帝始元元年（公元前86年），享年60岁。司马迁的祖先世世代代都担任史官，他的父亲司马谈才识渊博，所以他从小便受到了很好的教育。司马迁小时候在乡间长大，接触过恬静的大自然和淳朴的乡间风气，十岁的时候父亲出任太史令，他随父亲到京师长安向博士伏生、大儒孔安国学习，他原本已家学渊源深厚，又得到名师的指点，进步很快。这个时候，也正是汉王朝国势强大、经济繁荣、文化兴盛的时期，张骞通西域，卫青、霍去病大破匈奴，汉武帝设立乐府等等都在这个时候，司马迁在京城的所见所闻，激发了他对生活的热情，也产生了著史的想法。大约二十岁左右，司马迁开始外出游历，游遍了祖国的大江南北，开阔了眼界，增长了见识。回到长安以后，他做了皇帝的近侍郎中，又随汉武帝到过平凉、崆峒、巴蜀，甚至最南边的昆明。元封三年（公元前108年），司马迁在他父亲去世的第三年，正式做了太史令，得到了阅览汉朝宫廷所藏的一切图书、档案以及各种史料的机会，他一边整理史料，一边参与改历。等到太初元年（公元前104年），我国第一部历书《太初历》完成，他就动手开始编写《史记》。就在这时，一场飞来横祸将

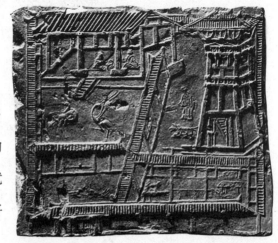

5442

他卷入其中，这就是李陵事件。

天汉二年(公元前99年)的夏天，汉武帝派宠妃李夫人的哥哥、二师将军李广利领兵讨伐匈奴，另派李广的孙子、别将李陵随从李广利押运辎重。李广利没有什么军事才能，完全依仗着自己的姐姐才当上将军，出师不利，打了败仗，几乎全军覆没地逃了回来。而李陵带领步卒五千人孤军深入与单于遭遇。匈奴用八万骑兵围攻李陵。经过八昼夜的战斗,李陵斩杀了一万多匈奴兵,但由于他得不到主力部队的支援,结果弹尽粮绝,不幸被俘。

李陵兵败的消息传到长安后,汉武帝本希望他能战死,后听说他投降了,愤怒万分,满朝文武官员察言观色,几天前还纷纷称赞李陵的英勇,现在却附和汉武帝,指责李陵的罪过。汉武帝询问太史令司马迁的看法,司马迁痛恨那些见风使舵的大臣,尽力为李陵辩护。他认为李陵只率领五千步兵,深入匈奴,孤军奋战,杀伤了许多敌人,应该算是立下了赫赫战功。在救兵不至、弹尽粮绝、走投无路的情况下,仍然奋勇杀敌,就是古代名将也不过如此。他之所以不死,投降了匈奴,一定是想寻找适当的机会再来报答汉室。司马迁的直言触怒了汉武帝,汉武帝认为他是在为李陵辩护,讽刺劳师远征、战败而归的李广利,于是下令将司马迁打入大牢。

　　司马迁被关进监狱以后，案子落到了当时名声很臭的酷吏杜周手中，杜周严刑审讯司马迁，司马迁忍受了各种肉体和精神上的残酷折磨。面对酷吏，他始终不屈服，也不认罪。不久，有传闻说李陵曾带匈奴兵攻打汉朝。汉武帝信以为真，便草率地处死了李陵的母亲、妻子和儿子。司马迁也因此事被判了死刑。据汉朝的刑法，死刑有两种减免办法：一是拿五十万钱赎罪，二是受"腐刑"。"腐刑"

也叫"宫刑"，即割掉男子的睾丸。这种刑罚既残酷地摧残肉体和精神，也极大地侮辱人格。司马迁官小家贫，当然拿不出这么多钱赎罪，可他也不愿意忍受这样的刑罚，悲痛欲绝的他甚至想到了自杀。但他又想到了孔子、屈原、左丘明和孙膑等人，想到了他们所受的屈辱以及所取得的骄人成绩。司马迁毅然选择了宫刑。面对最残酷的刑罚，司马迁没有怨恨，也没有害怕。他只有一个信念，那就是一定要活下去，一定要把《史记》写完，他忍受着"肠一日而九回"的痛苦，为完成《史记》忍辱负重地活了下来。人固有一死，或重于泰山，或轻于鸿毛，一个人在遭到无辜的迫害以后，通常有两种选择：要么悲观消沉，要么发愤图强。而司马迁选择了后一条路。他秉着"究天人之际，通古今之变，成一家之言"的目的，将自己心中所有的"愤"全部倾注到《史记》的创作中去。

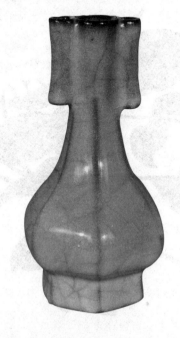

司马迁的人生经历，经过这次案件也更加深刻丰富了。尤其是他所深深体会到的当时社会人情的虚伪与冷酷，使他看清楚了封建社会人与人之间的利害关系。公元前91年，一部伟大的历史著作——《史记》诞生了。这部著作，从司马迁二十岁开始收集资料算起到完成写作，一共花费了四十年的时间，司马迁把他的全部生命都奉献给了这部著作。他独创了中国历史著作的纪传体裁，开创了史学方法上全新的体例，为后人展示了一部规模宏大的社会变迁史。无论在历史上还是文学上，司马迁都取得了光辉的成就。他崇高的人格和不屈的精神也将像《史记》一样流芳百世！

四、华佗之死

华佗(约145—208年),字元化,沛国谯(今安徽亳州市谯城区)人。东汉末年著名的医学家。他年轻的时候曾游学于徐州,精通很多种经书。他性格开朗刚强,淡薄功名利禄,只愿做一个平凡的民间医生,用自己的医术来解除病人的痛苦。华佗身怀绝技,能够医治各种疑难杂症,诊断无误,并且药到病除。华佗是世界医学史上,最早发明和使用麻沸散施行全身麻醉进行手术的医学家。欧洲人发明麻药，到现在也不过一百多年的历史，由此看来，世界医学界麻药的出现，比华佗的麻沸散至少晚了一千六百年。华佗用麻沸散和外科手术，挽救了很多危重病人。有一次，一个推车的脚夫患了急性阑尾炎，病情很重。华佗诊断后让他喝下麻沸散，为他割除阑尾，他不久就恢复了健康。华佗的治疗手段很多，而且简便易行，处方用药不过数种，针灸取穴也不过数处，但手到病除，效果显著，被人们誉为"神医"。华佗在诊断上，善于望诊和切脉，并能依此正确判断出疾病的预后。他在医疗体育方面也有着重要贡献。他模仿五种禽兽（虎、鹿、熊、猿、鸟）的自然动作并把它们联系起来，编成一套使全身肌肉和关节都能得到运动和舒展的体操——"五禽戏"，

并亲自教授和推广，使一些体弱多病
的人受益匪浅。此外华佗还
善于应用心理疗法治病。
华佗具有十分可贵的医德，
他一生不求名利，不慕官禄，
辛勤为百姓治病，深受人民的尊
崇和爱戴。也正是这种正直的性
格，使他惨死在曹操的刀下。

　　华佗生活的时代是东汉末年，三国
初期。当时军阀混乱，地方豪强势力恶
性膨胀，水旱蝗灾连年不断，瘟疫时有发

生，哀鸿遍野，民不聊生。当时一位著名诗人王粲在其《七里哀》里，就写了这样两句："出门无所见，白骨蔽平原。"这就是对当时社会的真实写照。目睹了这种现状，华佗非常痛恨作恶多端的封建豪强，十分同情受压迫受剥削的劳动人民。为此，他不求名利，不慕富贵，宁愿到处奔跑，为人民解脱疾苦。三国时期，群雄逐鹿，竞争异常残酷，当时曹操已具备了一定的实力，甚至有一统中原的雄心壮志。或许是由于常年的积劳成疾，用脑过度，曹操患上了一种头风病，每次发病的时候都会心乱目眩，头痛难忍，而且随着年纪的增长这种病越来越严重，虽然请来了很多名医治疗，但都没有什么效果，他听说华佗医术高明，而且二人又是同乡，就请华佗来医治。

　　华佗给曹操检查后，在曹操胸椎部
的膈俞穴插入一针，他片刻便脑清目明，
头马上就不疼了。曹操十分高兴，但华佗
却如实相告，建议曹操应该坚持长期治
疗，慢慢缓解，这样才能延年益寿，因为
这种病很难根除。曹操听了之后，以为华
佗在故弄玄虚，因而心里非常不高兴，只
是没表现出来。他没有把华佗留在府中，

允许他为百姓治病。公元208年，曹操执掌朝政，自任丞相，总揽军政大权，或许是由于公务更加繁重了，他头疼的次数也更多了，于是要华佗长期留在府中，并且专做他的侍医。对以行医济世作为终身抱负的华佗来说，要他远离百姓，专门侍奉一个权贵，自然是不愿意的。况且，曹操率兵连年征战，弄得中原一带民不聊生。徐州一带是华佗后期行医和居住的地方，曹操早年为报父仇，讨伐徐州的陶谦，坑杀徐州百姓数万人，华佗与百姓休戚与共，心里早就对曹操存有积恨，因而他决心离开曹操。他对曹操说："华佗长期远离家乡，想回去看看，刚才收到家中来信，正想短时回家一趟。"曹操应允了，华佗回到家后，以妻子有病为借口来推托，多次请求延长假期不肯回去。曹操几次用书信召他，并派人前往查看，还吩咐说："如果他妻子确实生病，就赐赠四十斛小豆，放宽假期；

如果他虚假欺骗,就逮捕押送他回来。"

查看的人到了华佗的家中,见他正在为一些百姓治病,他的妻子根本就没有什么疾病,就按照曹操的命令将他带回许昌,回来后如实禀报,曹操恼羞成怒,于是将他下狱治罪。

面对曹操,华佗坚贞不屈,矢志不移,断然拒绝了曹操要他当侍医的要求。曹操一怒,想杀了华佗。荀彧向曹操求情说:"华佗的医术确实高明,这样的人才很难找到的,应该赦免他。"曹操说:"不用担心,天下会没有这种无能鼠辈吗?"最终他判了华佗死罪。也有另外一种说法是曹操头痛找华佗医治,华佗建议要开颅治疗,曹操疑心华佗要暗害他,于是找个理由杀了华佗。华佗临死前,拿出已经写好的《青囊经》给守狱的官吏,说:"这书可以用来救人。"狱吏害怕触犯法律不敢接受,华佗便把书烧掉了。华佗死后,曹操头痛仍旧没有好,而且更加严重了。曹操心里清楚他的病只有华佗能够医治,但还一直说:"华佗本来能够治好这种病,他有意留着我的病根,想借此来抬高自己的地位,

既然如此，还不如杀
掉他。"后来他的爱子
曹冲病危，群医都束手
无策，曹操望着奄奄一
息的爱子不得不感叹
地说："我后悔杀了华
佗，要不然这个儿子还
是有救的。"

华佗一生有很多
弟子，其中彭城的樊
阿、广陵的吴普和西
安的李当之，都闻名于
世。华佗晚年精心于
医书的撰写，有《青囊
经》《枕中灸刺经》等
多部著作，可惜都已失
传。这样一位千古名医
的过早离世，不能不说
是中国医学史上的一
大损失。

五、请君入瓮

武则天登基之后，唐朝宗室贵戚和大臣们一直在暗中反对，想抓住机会重新扶植李氏的皇子重返帝位。随着武氏家族势力急剧扩张，心向李唐的人极为愤慨，不甘束手待毙。徐敬业在扬州起兵，大名鼎鼎的骆宾王也参与其中，并且亲自撰写了古今第一檄文——《为徐敬业讨武檄》。在这篇文章中用精辟的言辞深刻地痛骂了武后，还揭露了她的野心和阴谋。

这场叛乱很快就被平息了，但武则天一直担心还有人想造反，所以就想出了一个办法，她下了一道命令，发动全国告密。无论大小官吏，普通百姓，只要发现有人谋反，都可以直接向她告密。地方官吏遇到有人告密，不许自己查问，一定要替告密的人备好车马，供给上等伙食，派人护送到行宫，由武则天亲自召见。如果告发的

材料属实，此人可以马上做官；查下来不符事实，也不追究诬告。这样一来，四面八方告密的人当然越来越多了。有一个胡族将军索元礼，就是靠告密起家的。武则天派他专门办谋反的案件。索元礼是一个极端残忍的家伙，审问案件，不管有没有证据，先用刑罚逼犯人供出同谋。犯人受不

住刑，就胡乱招了一些假口供，这样，他审问一个人就会牵连到几十个甚至几百个人。株连越广，案情就越大。索元礼向太后——汇报，太后直夸他能干，他还得了个游击将军的官职。有些官吏看到索元礼得到太后赏识，就纷纷学起索元礼的样子来。

其中最残酷的是周兴和来俊臣，周兴最为机敏狡诈，他不久便担任了秋官侍郎之职，手下特地豢养了数百名无赖，专门从事告密活动。想要诬陷某个人就让他们一齐来告密，因为辞状相同，别人就会信以为真。他还根据多年的经验，总结出了数千字的告密经文，作为秘本传教徒弟。周兴还制造了一系列别出心裁的刑具，传说有"定百脉""突地吼""死猪愁""求破家""反是实""凤晒翅""仙人献果""玉女登梯"等等名号。每当审讯犯人，刑具都放好了，一声梆响，犯人未等用

刑便已魂飞天外，活罪更比死罪苦，不如随口招供，还能死得痛快些，免受酷刑之苦。但没想到他也有自食其果的那一天。

有个正直的大臣劝谏武则天说："现在下面告发的谋反案件，多数是冤案、假案，弄得人心惶惶，陛下慎重考虑一下啊！"可是，武则天不愿听这种劝告。告密的风气越来越盛，连她的亲信、掌管禁军的大将军丘神绩，也被人告发谋反，被武则天下令杀了。随后武则天接到告密信，说周兴跟已经被处死的丘神绩属同谋。武则天一听，大吃一惊，立刻下密旨给来俊臣，叫他负责审理这个案件。来俊臣和周兴差不多，他使用的残酷手段也是出了名的，被他弄得家破人亡的有几千家之多。周兴和来俊臣被称为告密、用刑的第一和第二号选手，但没想到这两个人也得分个胜负。

来俊臣深知周兴的手段，要让他招供绝不是一件容易的事情。于是设下一计，

特请周兴一同饮酒言欢。席间来俊臣向周兴说了不少赞美话，说他堪称唐朝第一办案高手。然后谦虚地向他请教："现在我碰到一个十分狡猾的囚犯，种种刑具都用过，可他就是不肯招供，老兄可有高招教我？"正飘飘然的周兴，乘着酒兴不假思索地对他说："这还不好办，我告诉你一个最好的办法：取一只大瓮（大坛子），把囚犯放进瓮中，然后在大瓮四周架起炭火，慢慢儿地烧。还怕他不招吗？

来俊臣听了，连连称赞说："好办法，好办法。"他一面说着，一面就叫公差去搬一只大瓮和一盆炭火到大厅里来，把瓮放在火盆上。盆里炭火熊熊，烤得整个厅堂的人禁不住流汗。周兴正在奇怪，来俊臣站起来，拉长了脸说："接太后密旨，有人

告发周兄谋反。你如果不老实招供，只好请你进瓮了。"周兴一听，吓得魂飞魄散。连忙跪在地上，像捣蒜一样磕响头求饶，表示愿意招认。来俊臣根据周兴的口供，定了他死罪，上报太后。

武则天想，周兴毕竟为她干了不少事，再说，周兴是不是真的谋反，她也有点怀疑，就赦免了周兴的死罪，把他革职流放到岭南（在今广东、广西一带）去。周兴干的坏事多，冤家也多，半路上就被人杀了。后来，武则天发现索元礼害人太多，民愤很大，就找个借口把他杀了。来俊臣仍旧得到武则天的信任，继续干了五六年诬陷杀人的事，前前后后不知道杀害了多少官吏百姓，连宰相狄仁杰也曾经被他

诬告谋反，关进监牢，差一点被他杀死。来俊臣的胃口越来越大，他想独掌朝廷大权，嫌武则天的侄儿武三思和女儿太平公主势力大，索性告到他们身上去了。这些人当然也不是好惹的，他们先发制人，把来俊臣平时诬陷好人、滥施刑罚的老底全都揭了出来，并且把来俊臣抓起来，判他死罪。武则天还想庇护他，但一看反对来俊臣的人也不少，只好把他处死。来俊臣被处死刑的那天，人人拍手称快。大家互相庆贺，说："从现在起，夜里可以安心睡觉了。"

六、狸猫换太子

　　"包青天"这个称呼的由来，是因为包公连破奇案，其中之一是审出了发生在宫中的一件大案——狸猫换太子案，他替宋仁宗皇帝找回了自己的亲生母亲。这个故事原载于《三侠五义》中。后来流传下来经过后人不断改编成剧本，唱成戏曲。现在大家在电视剧中也能看到这个故事，足可以说明它的影响力。

　　这个故事发生在宋朝，当时宋真宗的

第一个皇后过世，他的两个妃子刘妃和李妃都怀孕了。很显然，谁生了儿子，谁就有可能立为正宫。刘妃一直心怀嫉妒，担心李妃先生了儿子就会被立为皇后，于是与宫中总管郭槐设计了一个阴谋，买通了接生婆尤氏，在她的配合下，在李妃分娩的时候，趁人不注意，用一个狸猫换走了刚出世的太子。事后刘妃命令宫女寇珠勒死太子，寇珠不忍心，于是偷偷地将太子交给宦官陈林。陈林将太子装在提盒中送到南清宫找人抚养。真宗看到了狸猫之后，以为李妃产下了一个妖物，于是将她贬入冷宫。不久，刘妃临产，生了个儿子，被立为太子，刘妃也被册立为皇后。谁知六年后，太子夭折了。当刘后悲痛欲绝之时，寇珠将李妃的儿子并未死之事告诉她，于是刘后便将他抱来抚养，并让他补了太子之缺，这就是后来的宋仁宗。

一次，太子在冷宫中偶然与生母李妃见了面。刘后害怕事情败露，就在真宗面前进谗言，真宗下旨将李妃赐死。小太监余忠同情李妃的遭遇，冒死将她救出。另一个太监秦凤将李妃接出宫中，送往陈州。李妃在陈州没有生活来源，只得住破窑、靠乞食为生。由于终日惶恐不安，以泪洗面，双目失明。包拯当时在陈州放粮，得知此事实情，与李妃假认作母

子，将她带回开封。此时，宋真宗早已死去，李妃的儿子已经做了皇帝，就是宋仁宗。包拯又趁进宫贺寿之机，将李妃带进宫中，李妃才得以与自己的亲生儿子仁宗见面，并道出了真相。后来，包公又设计让陈林供出真相。已做了太后的刘氏知道阴谋败露，惊厥而死。由于包拯在这一案中立了大功，被仁宗任为首相。

整个故事生动曲折，有头有尾，于是有人把它编成戏剧，搬上舞台，在社会上造成很大影响。由于小说、戏剧等各种为人们喜闻乐见的艺术形式的演绎，仁宗生母之谜日益鲜活生动，备受世人关注。尽管历朝历代增加、删改了不少或虚假或真实的内容，而且，戏曲和小说中情节也不尽相同。然而，这一故事本身就是一件大案，仁宗的亲生母亲究竟是刘氏，还是李氏，无论是小说，还是戏曲，几乎众口一词，认定仁宗是李妃所生，而非刘皇后之子。

包拯

而历史的事实又是怎样的呢？其实李氏原本是刘后做妃子时的侍女，庄重寡言，后来被真宗看中，成为后宫嫔妃之一。在李妃之前，真宗后妃曾经生过5个男孩，都先后夭折。此时真宗真是盼子心切。后来李氏果真不负众望顺利产下一个男婴。真宗中年得子，自然喜出望外。这就是后来的宋仁宗赵祯，他还未来得及睁开眼睛记住自己亲生母亲的容颜，便在父皇真宗的默许下，被一直未能生育

的刘氏据为己子。生母李氏慑于刘后的权势，只能眼睁睁看着自己的孩子被别人夺去，却不敢流露出任何不满情绪，否则不仅会危害自身，也会给亲生儿子带来灾难。

仁宗13岁即位，刘氏以皇太后身份垂帘听政，权倾朝野。当朝的很多大臣将刘后比作唐代的武则天，对她当政议论纷纷。而且宋初有过兄终弟及的先例，真宗又的确有一个能干的弟弟泾王赵元俨，也就是小说戏曲中出现过很多次的"八贤王"。有传闻说，刘后在真宗临终时，以不正当手段排斥赵元俨，从而攫取了最高权力。赵元俨发现自己成了刘后当权的障碍后，为了避免遭到刘后的残酷打击，闭门谢客，不再参与朝中之事，直到刘后去世，仁宗亲政。这样刘皇后的权势越来越大，基本上控制了朝政，仁宗就在养母的权力阴影下一天天长大。刘太后在世时，仁宗一直不知先皇嫔妃中的李顺容就是自己的亲生母亲。毕竟刘太后在后宫及朝廷内外都是一手遮天，在这种情况下，是不会有人敢冒生命危险告诉仁宗他的身世秘密的。明道二年，刘太后病逝，仁宗亲政，这个秘密也就逐渐公开了。告诉仁宗实情的，可能性最大的是"八千岁"皇叔赵元俨和杨太妃。赵元俨自真宗死后，过了十余年的隐居生活，闭门谢客，不理朝政，在仁宗亲政之际，赵元俨突然复出，告以真相，是情理之中

的。杨太妃自仁宗幼年时期便一直照料其饮食起居，仁宗对她也极有感情，在宫中称刘后为大娘娘，称呼杨太妃则为小娘娘，杨太妃在那样的政治环境中说出实情也是极有可能的。

无论如何，在蒙受了20年的欺骗，生母也在明道元年不明不白地死去之后，仁宗知道了自己的身世，其震惊程度无异于天崩地陷。他抑制不住内心的悲伤，一面亲自乘坐牛车来到安放李妃灵柩的洪福院，一面派兵包围了刘后的住宅，以便查清事实真相后作出处理。此时的仁宗不仅得知了自己的身世，而且听说自己的亲生母亲竟死于非命，他一定要打开棺木查验真相。当棺木打开，只见以水银浸泡、尸身不坏的李妃安详地躺在其中，容貌如生，服饰华丽，仁宗这才叹道："人言岂能信？"随即下令遣散了包围刘宅的兵士，并在刘太后遗像前焚香，道："自今大娘娘平生分明矣。"言外之意就是刘太后是清白无辜的，她并没有谋害自己的母亲。

李氏是在临死时才被封为宸妃的，刘太后在李妃死后，最初是想秘而不宣，准备以一般宫人礼仪举办丧事。但宰相吕夷简力劝大权在握的刘太后，要想保全刘氏一门，就必须厚葬李妃，刘后这才意识到问题的严重性，决定以高规格为李宸妃发丧。生母虽然厚葬，却未能冲淡仁宗

对李氏的无限愧疚，他一定要让自己的母亲享受到生前未曾得到的名分。经过朝廷上下一番激烈争论，最终，决定将真宗的第一位皇后郭氏列于太庙之中，而另建一座奉慈庙分别供奉刘氏、李氏的牌位。刘氏被追谥为庄献明肃皇太后，李氏被追谥为庄懿皇太后。奉慈庙的建立，最终确立了仁宗生母的地位，同时也意味着年轻的仁宗在政治上的日益成熟，逐渐摆脱了刘太后的阴影。

故事终究有别于史实，但两者都会让我们思考。当我们赞叹包拯明察秋毫、断案如神的时候，也一定不会忘了刘太后是如何保全李妃尸身，为自己留下一条后路的，她终究没有把事情做绝，不至于像小说中那样一命呜呼。但小说和史实都可以作为千古奇案令人回味！

七、铡美案

　　铡美案是包公传奇案例中较为典型的一个，被人们广为传诵。陈世美抛妻弃子、贪慕荣华富贵的丑恶形象一直被人们所唾弃。虽然这个案子的情节有悖史实，被后人不断地渲染、夸张，但它能够被搬上银幕，并且成为各种戏曲的样本，在社会中有一定的影响力，说明这个案子值得推敲，使人们能够更好地去评判善恶的标准。

陈世美和秦香莲是宋朝湖广均洲府中人，家境贫寒。陈世美自幼喜欢读书，并且希望能借此走上仕途，改变命运。陈世美告别妻儿，进京赶考，一去就是三年，杳无音讯。秦香莲在家含辛茹苦，穷耕苦织奉养公婆抚育儿女。不幸的是，赶上连年灾荒，公婆都饿死了。望着奄奄一息的两个孩子，秦香莲实在没有出路了，她草草地埋葬了两位老人，决定带着儿子东哥和女儿春妹去找自己的丈夫陈世美。在去往京城的路上，他们沿途乞讨、跋山涉水，历尽了千难万险。幸运的是在到达京城的第一天，秦香莲就从一家客店的店主张元龙口中得知了丈夫的消息：他已经中了状元，并且被招为驸马。得知这个消息，秦香莲真的是又惊又喜，喜的是丈夫下落已明，惊的是他做了驸马。第二天张元龙就带着秦香莲母女三人来到了驸马府——紫墀宫找陈世美，陈世美听下人报告说是有个叫秦香莲的来求见，马上下令不见，也不许她进入宫中，后来在一个门官的帮助下，秦香莲闯入宫中，终于见到了阔别三年的丈夫。但陈世美装作不认识，还要把她们撵出宫去，秦香莲忍住内心的悲愤，向陈世

079

美诉说着家乡连年遭灾和公婆双双饿死
的不幸，还有这一路上带着儿女寻亲的
辛酸经历，希望能打动陈世美，收留下
她们妻儿。想起过世的父母双亲，面对着
结发妻子和已经长大的儿女，陈世美心里
也稍有感动和心酸，但一摸到自己头上的
乌纱帽和身上穿的蟒龙袍，想到自己现
在的荣华富贵可能会因此断送，便狠心地
把秦香莲和儿女赶出宫。

秦香莲被赶出宫之后，在街上遇见
了三朝元老、宰相王延陵罢朝回府，便拦
住轿子控诉陈世美。王延龄很同情秦香
莲的遭遇，并给她出了一条计策。秦香莲
到京的第三天正是陈世美寿宴之日，紫
墀宫张灯结彩，鼓乐齐奏，贺客满堂，
宰相王延陵借贺寿为名，带着秦
香莲进入宫中，让她扮做一个
卖唱的。秦香莲当着
众人的面一字一句
地哭诉着自己的悲惨命运，

泣不成声，王延陵也在一旁好言相劝，希望陈世美能够醒悟，陈世美非但无动于衷还将秦香莲赶出宫去，并且出言顶撞了王延陵。王延龄在盛怒之下，将自己的白纸扇一把交给秦香莲，嘱她到开封府尹包拯处告状。陈世美担心对自己不利，想出一个更加恶毒的手段，一面传话州司衙门，将秦香莲母子赶出京城，一面又派遣宫中武士韩祺去追杀秦香莲、冬哥和春妹，企图灭口。在京城郊外的一座古庙中，韩祺找到了秦香莲母子三人。但经过秦香莲的诉述以后，韩祺才恍然大悟：原来要杀的并不是陈世美的什么仇人，而是陈世美的妻子儿女！韩祺左右为难：要杀秦香莲母子，不忍心下手，不杀，钢刀上又没有血迹做回证。最后，为了不

昧良心，不背正义，韩祺终于放走了秦香莲母子，自己则引刀自刎而死。秦香莲悲愤交加，咬牙切齿痛恨陈世美的恶行，她拿起了钢刀，准备去状告陈世美。谁料陈世美早有准备，他反诬秦香莲是杀死韩琦的凶手，在他的指使之下，秦香莲被发配边疆。在去往边疆的路上陈世美早就安排好了杀手，准备灭口，而秦香莲这次又幸运得救了，这次来救她的人是开封府的展昭。

原来开封府府尹包拯从陈州放粮回

来，得知了此事的来龙去脉，定要替秦香
莲讨回公道。但是包拯没有证据来指控
陈世美。而陈世美得知秦香莲被救之后
又想出一计，因为东哥和春妹在他府里，
他便将秦香莲骗去，以两个孩子相要挟，
逼迫秦香莲在休书上盖印。秦香莲宁死
不从，逃回开封府。而这时候，包拯已经
派展昭到陈世美的家乡寻找到人证和物
证。包拯随后让秦香莲写好状子，然后叫
王朝将陈世美骗到开封府来。陈世美料
到了一定和秦香莲有关，于是带上了尚方
宝剑来到开封府，在公堂上，秦香莲控诉
了陈世美忘却父母、不认妻儿、杀妻灭子
三大罪状，铁证如山。但陈世美却仗势
不受开封府的审理，包拯忍无可
忍，便喝令刽子手打落陈世美头
上的乌纱帽，剥去他的蟒龙袍，用
法绳把他捆绑了起来。跟随陈世美
来的内侍见势不好，急忙跑回宫去报
信。皇姑闻讯大惊，连忙摆了车辇，赶到

开封府来要人。但包拯坚持不放陈世美，一定要为民伸冤。皇姑没有办法，只得回宫去请她的母后。国太后到了开封府，威胁利诱包拯，劝包拯最好先保住自己的乌纱帽，包拯不为所动，国太后便蛮不讲理，要带走冬哥和春妹，并且放言说如果不放驸马，她就坐守开封府不回宫。而包拯宁愿弃官丢职，也要为秦香莲伸冤，并且不顾国太后与皇姑的阻止，一手摘下头上的乌纱帽，喝令开斩。这个贪图荣华富贵、狠心杀妻灭子的陈世美，终于死在了铁面无私的包拯的虎头铡下！

八、乌盆记

包公做定州太守的时候，遇到了一起离奇的案件，是和乌盆子有关的。经后人不断地杜撰被称为乌盆记，流传了下来。

有个扬州商人叫李浩，家底殷实，来到定州做生意。有一天骑着骡子回家，行李很重，身上还带着很多刚结算回来的银两，行进得很缓慢，傍晚的时候不得不在一个叫赵大的人家里借宿，而赵家夫妇

贪图李浩的钱财，晚上等他睡熟的时候，将他杀害，又将他的血肉骨骼烧化，和泥做成盆子。赵家夫妇以为此事会神不知鬼不觉，他们将李浩的钱财据为己有之后，大肆挥霍，方圆左右的人都知道赵家发财了，却不知因何缘故。

定远县小沙窝村有一老者，姓张，排行老三，以打柴为生，人称"别古"——与众不同谓之"别"，不合时宜谓之"古"。此人耿直，好行仗义。一天闲着没事，突然想起三年前赵家欠他一担柴火钱，大概四百多钱，反正也是闲着，就过去问问，于是挂了竹杖就到了赵家的门口，只见房舍焕然一新，不敢敲门，问了邻舍的人，才知道是赵大发了财，如今人们都称他"赵大官人"了。老头子听了，不由得心中纳闷，心里想道："赵大这小子，省吃俭用，寒酸得出了名，连柴火钱都赊着，他怎么会突然发财呢？"转到门口，便一边用竹杖敲门一边叫道："赵大！赵大！"只见赵大衣帽光鲜地走出来，果然不是先前光景。赵大见到张三，连忙说道："我以为是谁呢，原来是张大哥啊！请到家里坐。"正说着，只见走出一个妇人来，打扮得怪模怪样的，捏着腔儿问道："官人，你同谁说话呢?"张三一见，向着赵大道："好哇！你还干这个营生呢！怪不得发财！"赵大道："你休得胡说，这是你弟妹。"张三无奈，只得随着进来。只见一摞一摞的瓦盆，堆得不少，彼此让座，赵大叫妇人倒茶。张三道："我不喝茶，你

欠我的四百多文钱，总要还我的，不用先来这一套。"赵大说："张大哥，你放心，哪能短了你的区区四百多文钱！"张三道："大兄弟如今发了，哪还把四百钱瞧在眼里！"说话间，只见赵大拿了四百钱递与张三。张三接过，揣在怀中，站起身来说："还有一事想说，不是我爱占小便宜，我夜间爱起来小便，你把那小盆子给我一个，就算该我钱的零头吧。"赵大道："你要是想要就拿一个吧，这些盆子都是拣选出来的，没有沙眼，还谈什么零头呀。"张三挑了一个，夹在怀中，转身就走了。

一天夜里，张三起来小便，好像在做梦似的听见盆子叫唤道："我是扬州商

人，你怎么向我口中小便？"张三大惊，问道："这盆子，你要是有什么冤枉的，说给我听听，我给你伸冤。"于是乌盆说："我是扬州人，姓李名浩，本是做缎行生意的，只因乘骡回家，行李沉重，那日天晚，在赵大家借宿，不料赵大夫妻好狠，将我杀害，谋了资财，又将我血肉骨骼烧化，和泥做成这盆子，望求老伯替我在包公座下申明此冤，报仇雪恨，就是冤魂在九泉之下，也是感恩不尽的！"张三早上醒来，越想越觉得个中必有蹊跷。可怜那李浩无缘无故被恶人所害，不觉动了他的侠义心肠。

他第二天就带着这盆子去县府告状。包公问明原委，张三将赵大夫妻的情况和晚上乌盆所诉说的又讲了一遍，包公听了之后也觉

得事情奇异，把乌盆端上来审问，乌盆完全不答应，包公气愤地说道："你这老头儿在此妖惑官府，还不快点退下去。"张三被责骂后，将乌盆带回家，悔恨不已。晚上盆子又叫道："老人家别生气，今天见包公，因为没有衣裳遮盖，这冤枉难以诉说。你把衣裳借给我，再去见包公一次，我一定把实情一一陈诉。"张三不得已，心想这次豁出去了，第二天用衣裳盖着乌盆，去见包公，又把昨晚的事情说了一遍。包公把盆子放在面前，盆子果真开口说话了，并且哭诉冤情，发出叽里咕噜的声音，众人都茫然不知所云，只有包公大惊，脸色都变了。第二天贴出告示：三日后，包公开审乌盆案。包公这

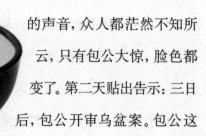

时把随从丁千、丁万唤到跟前，在耳边吩咐了几句。赵大村上的人，听说包公要审乌盆，都觉得稀奇新鲜，男女老少议论纷纷。

赵大夫妻听了却吓得心惊肉跳，赶忙商量对策，整夜都没睡觉。他们哪知道，这一夜说的话早被包公派去的随从偷听到了。三天后，公差押着赵大夫妻来到公堂，包公将李浩被害的经过和缘由与他们对证，他们不肯招认，还口口喊冤。包公唤出丁千、丁万当堂把赵大夫妻夜间对话陈述一遍，二人吓得浑身哆嗦，魂魄都要飞走了。包公把他们打入大牢，并将他们夫妻二人分开审问。先问赵大的妻子，包公说："你们二人将李浩谋杀了，得黄金百两，还将他尸身焚化成灰，和泥

做成乌盆。你将黄金藏了起来，你丈夫都承认了，你还想抵赖么?"赵大的妻子惊恐万状，于是全部招认了："是有金百两埋在墙中。"公差果然在赵大家的墙中取出黄金。包公把黄金取来放在赵大面前，问赵大还不招认，赵大夫妻二人面面相觑，只得招认了。包公判二人谋财害命，叛以死罪斩首；别古状告属实，赏银二十两；将乌盆和招供出来的银两，令李浩的亲族领回去并将李浩厚葬。

九、竇娥冤

元朝的时候，楚州城里有一个姓蔡的寡妇，大家叫她蔡婆婆，带着一个七八岁的男孩子，家里有一些银子放高利贷，收些利息。有一个叫窦天章的穷秀才，妻子死了，家里又很穷，带着女儿瑞云从京城来到楚州，借了蔡婆婆二十两银子的高利贷维持生活，想找个差事做，等挣了银子再还债。但他在楚州无亲无故，没有人愿意雇佣他这个穷秀才。转眼一年过去了，连

本带息该还蔡婆婆四十两银子,他根本拿不出银子来。蔡婆婆又经常上门讨债,窦天章实在想不出有什么办法可以还债。蔡婆婆想到这四十两银子实在没有指望了,但窦家的女儿聪明伶俐、长得可爱,自己见了打心里喜欢,便和窦天章商量要端云做蔡家的童养媳,抵四十两银子的债,另外再送些银子资助窦秀才进京赶考。窦秀才虽然不舍得女儿,但家里穷得快吃不上饭了,自己赶考的日子也临近了,端云也真的没法安置,看着蔡婆婆是个厚道人,也能对端云很好,便狠心答应了,选了个吉日送到蔡家,托付蔡婆婆照顾这个苦命的女儿,又嘱咐了端云几句,然后接过蔡婆婆资助的银子,去京城赶考了。

这一年端云7岁,蔡婆婆的儿子8岁。没

过多久，蔡婆婆带着两个孩子离开楚州搬到了临近的山阴县去住了。蔡婆婆对端云如自己的亲生女儿一般，把她改名窦娥，一家人仍然靠放债过日子。转眼十年过去了，窦娥17岁了，蔡婆婆为两个孩子办了喜事，小两口相亲相爱，日子过得很美满。但世事难料，刚过两年蔡婆婆的儿子染病死了。19岁的窦娥守了寡，与婆婆相依为命。

转眼又过了三年，在山阴城里，有一个开中药铺的卢医生，医术不怎么样，生意十分清淡，因古代名医扁鹊又称卢医，人们就取笑他叫他"赛卢医"。他向蔡婆婆借了十两银子，一年后该还二十两，但他根本还不起。蔡婆婆到家里讨债的时候他便心生歹念。他揣了根绳子在怀里，出来招呼蔡婆婆，借口带她到城外钱庄取银两，把她骗到了荒郊野外，然后用绳子勒住了蔡婆婆的脖子。正在这时候，有人路过，大喊一声，赛卢医听见了落荒而逃。路过的人是父子两个，老的通情达理，儿子却是个

恶棍无赖，叫张驴。蔡婆婆千恩万谢把如何放债，家里有个寡妇儿媳的事都说了。张驴一听立刻打上了窦娥的主意，他怂恿老爸娶婆婆，自己娶窦娥，有了人又有了钱财。蔡婆婆不应，张驴便捡起赛卢医扔下的绳子，要再勒死她，蔡婆婆没有办法只好带他们回家。一路上张驴的花言巧语竟说得蔡婆婆有几分愿意了。

进来家门蔡婆婆也不说话，只放声大哭，窦娥问缘故，好一会婆婆才把路上的情形说了，最后说她自己答应招张老儿做丈夫，把窦娥嫁给张驴。窦娥埋怨婆婆糊涂，说什么也不同意。糊涂的婆婆竟留下了张家父子等窦娥回心转意，窦娥见婆婆做得荒唐便说什么也不出房间，张驴见不到窦娥，又心生一计，他想用药毒死蔡婆婆，以便摆布窦娥。他找到了赛卢医的铺子，以看到赛卢医勒

死蔡婆婆为借口，要挟赛卢医配了一副毒药。回到家中正赶上蔡婆婆病了，想喝羊肚汤，孝顺的窦娥不得不到厨房为她亲自做，张驴借口太淡，让窦娥去取盐，趁机把毒药放到了汤里，然后又偷着溜到外面等着看热闹。过了一会，他听见外面有人哭，仔细一听却是蔡婆婆，忙跑进去看，却是他亲爹张老儿躺在地上，七窍流血而死。原来蔡婆婆正要喝汤，忽然感到恶心，呕吐了一阵，就不想喝了，正好张老儿在旁边照料就让他喝了，没想到就一会，张老儿便死了。蔡婆婆吓得大哭，张驴阴差阳错地毒死了亲爹，反而耍起无赖来，他诬陷窦娥投毒害命借此要挟窦娥委身自己，否则就要告到官府。窦娥一点也不害怕，一心要到官府辩个清白。她哪知道官府的黑暗，当时山阴县隶属楚州，楚州的知县是个贪赃枉法的昏官，断案的原则是谁送的银子多谁有理。糊涂的婆婆和窦娥根本不知道这些，而张驴却先到衙门走通了

门路,答应送县官老爷百两银子,他盘算
着赢了官司蔡家的财产都是他的,这样也
合算。这样张驴告到楚州,一口咬定蔡婆
婆是他后娘,窦娥故意毒死了公爹,窦娥
争辩着把过程细说了一遍,却没人理会,
知州叫手下对窦娥动了大刑,一心逼她招
供,窦娥死也不肯屈招。知州心生毒计,要
对蔡婆婆用大刑,窦娥不忍心看婆婆惨
死,只好屈招,被处以死刑。

被送上法场那一天,是六月的一个晴
天,窦娥披枷带锁,被游街示众。窦娥满
腔悲愤,对着苍天大声哭诉:地呀,你好歹
不分算什么地?天呀,你颠倒是非白做了
天!蔡婆婆拦着窦娥大哭,孝顺的窦娥冷
静地劝慰婆婆,然后大义凛然地走上法
场,问斩之前许下三愿:要丈二白绸挂在
八尺旗杆上,自己一腔热血要飞上白绸,

不落半点在地上；窦娥含冤，死后要天降三尺大雪掩埋尸身；死后要让楚州地方大旱三年。窦娥被行刑之后果真桩桩应验了，楚州老百姓都知道了窦娥的冤屈，昏官知州却升任调走了。窦娥含冤而死，楚州大旱的第三个年头，朝廷新派了两淮提刑肃政廉访史，检查两淮地区的官吏善恶、刑狱冤案。而这个人就是窦娥的父亲——当年的穷秀才窦天章。窦天章那年进京赶考得中，做了官，派人来找女儿端云，不想蔡婆婆搬了家，打听不到任何消息，从此和女儿失散了。

楚州正属两淮地区，他首先来到了楚州，皇上赐了尚方宝剑允许他先斩后奏。他来到楚州的当晚，就调来刑狱案卷查阅，第一卷就是："窦娥毒死公爹"一案。窦娥的冤魂现身，对父亲哭诉了冤情的

始末，窦天章大怒，第二天立即询问楚州知州，知州也知道窦娥冤枉，只是上一任知州已升为他的上司，他不敢上奏朝廷为窦娥伸冤。窦天章立刻派人去山阳县，把一干案犯全部押来听审。窦娥冤死后，张驴霸占了蔡家的家财，蔡婆婆被赶出了家门，成了乞丐。赛卢医先有害命一事，后被逼为张驴配了毒药，心知要出人命，关了铺子跑了。后来知道张驴打赢了官司，又溜回到山阴县继续开药铺。这一天三人都被带到楚州。张驴依然抵赖，诬陷窦娥为凶手，窦娥的冤魂出现在他面前，吓得他连连磕头喊饶命。赛卢医知道事情败露，也老实地交代了谋害蔡婆婆、被张驴讹诈配毒药的经过。张驴服罪，画了押。过了几天，又把昏官知州从外地押来，一起宣判：赛卢医充军五千里之外；张驴剐死；昏官重打一百杖，当下执行，死于衙役们的重杖之下。直到此时，窦娥的冤屈才得以平反，楚州的老百姓也舒了一口气。

十、胡惟庸案

胡惟庸案是明朝初期的一场重大政治案件，明太祖朱元璋借口胡惟庸谋反，处死了胡惟庸全家，并开始大肆诛杀功臣，因此案而被诛杀的多达几万人，此案前后延续长达10年之久，并且对明朝的政治决策产生了重大影响，使得在中国存在了两千多年的宰相制度被废除。

胡惟庸是定远人，明至正十五年（1355年）投靠朱元璋，历任主簿、知县、

太常寺卿等职，开国后被任命为中书省参知政事。当时已回老家闲居的刘基听说胡惟庸当政的消息后，仰天长叹："胡惟庸当权，必为祸害。如果我的话没有应验，那是百姓的福分；如果我的话应验了，那百姓就要受苦了。"刘基去世后，胡惟庸更加肆无忌惮，专横跋扈。性格耿直的御史韩宜可，向朱元璋进言：胡惟庸及其同党御史大夫陈宁、中丞涂节等人险恶奸佞、作威作福，理应斩首。朱元璋却以"排陷大臣"的罪名将韩宜可逮捕入狱。有皇上做后台，胡惟庸更加专横跋扈，大臣们也都敢怒不敢言。其实对于胡惟庸的骄横揽权，朱元璋早看在眼里。但因为胡惟庸是他几经考虑确定下来的人选，办事能力较强，又善于迎合上意，朱元璋对他有几分好感，而且朱元璋还需要进一步观察胡惟庸及其党羽们的动向，他希望将胡惟庸作为诱饵，将他的党羽们一网打尽。当时朱元璋正在考虑一个削弱乃至取消相权的长远计划，所以他并不急于惩办胡惟庸。

朱元璋首先开始改革地方政府机构，将行中书省改为承宣布使司，负责民政和财政，同时设立提刑按察使司和都指挥使司，分别负责掌管刑法和军事。这样行中书省就不能再大权独揽了，它的权力分散到其他三个机构当中。完成地方的行政改革之后，他又开始着手中央的政府机构改革，并下令臣民有事可以直接上书给皇上不必经过中书省。朱元璋汲取了元朝的统治教训，他曾对手下的官员说过，元朝天下大乱的重要原因是中书省专权，统治者不知民情。所以，在朱元璋眼里，中书省威胁皇权的专制统治，必须除去。朱元璋在削弱中书省权力和作用的同时，擢升胡惟庸为左丞相。这个虚位留给他是有一定用意的，是想在不影响政务的前

提下，给他足够的机会让他尽情地犯错误，招惹怨恨，以便顺理成章地除掉他。胡惟庸并没有看出朱元璋的用意，丝毫不知道收敛。《明史》上就曾记载，他自己独揽丞相大权，有的时候，发生了一些事情也不向皇帝报告，还随便提拔人和处罚人，当时有很多人奔走于他的门下，送给他的金银财宝不计其数。而他擅权僭侈这一点正是朱元璋最不能容忍的。

怠慢占城国（今越南中部）使臣事件，成了朱元璋采取特大行动的导火索。朱元璋一向注重与周边其他国家的往来，这次占城国使臣前来进贡，中书省没有及时奏报，被宦官发现后报告给了朱元璋，朱元璋极为恼火，召见胡惟庸问明原因，胡惟庸将责任推给了礼部，中书省和礼部互相推脱责任，朱元璋下令将胡惟庸和礼部官员全部下狱，并降旨："怠慢占城国进贡使者，中书省与礼部互相推诿。朕搞不清楚该归罪何人，所以把省、部官员都关进监狱，全面追究。查出责任在谁就治谁的罪。如果仍互相推诿，则都不能赦免。"而当朝的其他大臣们也都看出了朱元璋的用意，有些人早就对胡惟庸看不下去了，与胡惟庸交往密切的御史中丞涂节也生怕受牵连，站出来揭发刘基是被胡惟庸毒死的。紧接着又突然告发胡惟庸与御史大夫陈宁谋反，朱元璋下令将有关人员逮捕，由此牵涉到一大批官员，而大家的矛头都一起指向了胡惟庸，胡惟庸谋反的事实就这样成立了。朱元璋下令将胡惟庸、陈宁、涂节和牵连到的一大批官员，以及他们的党族，全部处死。而宣布的谋反罪状大致如下：胡惟庸独揽中书省大权，野心膨胀。御史大臣陈宁是他推举入朝的，胡惟庸与他一起密谋，还偷看天下军马簿册。后来胡惟庸的儿子在街上纵马驰骋，不慎跌落被路过的马车轧死，胡惟庸派人将车夫打死，此事受到皇上的斥责，胡惟庸便派人通知

各地的党羽加紧策划谋反的步伐。不料因怠慢占城国使者事件被捕,阴谋败露。很显然这样的案情,单薄的证据难以服众。此后,又给他加上了通倭和通掳的罪名。

胡惟庸一案导致胡家被诛三族,因为被指控为所谓的"胡党"而遭到杀害的人达一万五千之多,其中有很多公侯、贵戚。此案还牵连到辅佐朱元璋有大功的李善长,胡惟庸案发以后,有人又告发说李善长早就知道胡惟庸要谋反而不揭发,因此他就是"胡党"。于是,朱元璋就把李善长抓来治罪,李善长一家七十多口都被处死。李善长从朱元璋起兵的时候就跟随他,在他的左右给他出谋划策,并供给军饷。但朱元璋在肃清"逆党"这个问题上一点都不手软,终将李善长处死。因"胡党"而受株连至死或已死而被夺爵的开国功臣还有南雄侯赵庸、荥阳侯郑遇春、永嘉侯朱亮祖等一公、二十一侯,

杀戮者达三万余人，前后延续达十年之久，朱元璋还作了《昭示奸党录》布告天下，这就是所谓的"胡惟庸案"。

此案的结果是废除了丞相制度。丞相制度在中国历史上延续近两千年之久，中书省撤销以后，中国的丞相制度从此取消。明朝从此不再有丞相，什么"救时宰相"于谦、"奸相"严嵩、张居正，都不是原来意义上的丞相或宰相，所谓的"崇祯五十宰相"，也不是真正的宰相。清朝承袭明朝制度，依然没有设宰相。大家耳熟能详的"宰相"刘罗锅，实际也不是宰相，只有宰相之名，而无宰相之实。追究起来，这些大臣是连宰相的名也没有的。所谓宰相，不过是内阁大学士或首席大学士。在明清习惯上把所有的大学士都叫宰相，那只是沿袭以前的说法。朱元璋杀了胡惟庸以后，改变了中国将近两千年的丞相制度。没有了丞相，皇帝的权力增大了，皇帝直接统辖了吏、户、礼、兵、

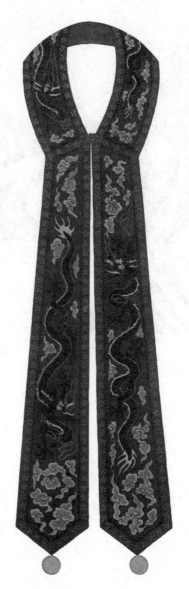

刑、工六部，控制了一切生杀大权。明洪武二十八年（1395年），朱元璋敕谕廷臣说："国家罢丞相，设府、部、院、寺，分理庶务，立法至为详善。以后嗣君，其勿得议置丞相。臣下有奏请设立者，论以极刑。"朱元璋顺利地实现了改革机构、更新官员的目的，使中央专制集权大为提高。

十一、明末三案

　　明朝末年，政治腐败，宦官专权，党
争不断。当时在皇宫中发生了三个重大案
件，分别是梃击案、红丸案和移宫案，这
三个案件牵涉到明末三代皇帝，轰动宫廷
内外，这也是自明万历年以后，最高统治
集团内部争权夺利的反映。这三个事件
也标志着明朝衰落的开始，对明末的统
治决策产生了重大影响。

　　在中国历代皇朝的礼制中，皇帝立皇

后所生的嫡长子为太子，皇后要是没有儿子的话，就立年长的为太子，明朝也继续沿用这样的礼制。明神宗万历年间，由于王皇后没有儿子，朝臣主张立年长的皇子朱常洛为太子，朱常洛的母亲是李太后身边的宫女王氏，被神宗私幸，怀下身孕。神宗并不喜欢王氏，由母及子，也不喜欢王氏所生的常洛，而希望立皇三子朱常洵为太子，朱常洵是神宗宠爱的郑贵妃所生，郑贵妃不断地向神宗邀宠，借机劝说神宗立朱常洵为太子。但朝臣和皇太后李氏、皇后王氏都支持立朱常洛为太子。神宗不断地将立太子一事拖延，直到皇长子朱常洛二十岁时，支持皇长子为太子的呼声越来越大，东林党也支持皇长子，神宗没有办法最终册立朱常洛为皇太子，朱常洵为福王。作为皇帝却不能选自己心爱的儿子做太子，还要看朝臣们的脸色，明神宗觉得很窝囊，作为对此事的报复，他开始对国家事务采取不闻不问的态度，不上早朝，不批答奏章，不主持祭祀仪式，不出席讲筵（大臣向皇帝讲课），不任命官员，专门聚敛钱财。他委派宦官担任矿监、税使，搜括民脂民膏。而且每天都要饮酒，喝得烂醉如泥，左右说话稍不留意，就会被他下令责打致死。太子是"天下之本"，神宗朱翊钧与朝臣们在立太子一事上僵持了15年，历史上称之为"争国本"。在这场国本之争中，皇帝和大臣划分成两股势力，郑贵妃也不甘心袖手旁观，终于爆发了明朝开国以来最严重的仇杀事件——梃击案。

"梃击案"的"梃"是指木棍，"梃击"就是用木棍打人，因为被打的人是皇太子，所以事情很严重，成了一个案件。由于朱常洛身世特殊，经历坎坷，形成了终日战战兢兢，胆小懦弱的性格，唯恐被废掉。明万历四十三年（1615年）五月初四，

这一年朱常洛33岁。当天晚上，有一个身体强壮的男子手持一根枣木棒，从东华门直奔内廷，打伤太监，闯进太子朱常洛居住的慈庆宫，到了殿前的屋檐下才被抓住。朱常洛异常惊恐，明神宗得知后也下令追查此事。此案与郑贵妃有很大关系，可负责审案的是巴结郑贵妃的"浙党"，他们并不愿意深究此事。但东林党人单独提审案犯。持棒的人叫张差，经他供出是郑贵妃手下的太监指使他做的。东林党人怀疑郑贵妃要谋害太子，决心要追查此事。郑贵妃得知之后，惶恐不安，到皇上面前哭诉，神宗也不知该如何是好，他把太子叫到面前让他亲自处理这件事，并警告他不要牵扯太多人。朱常洛不愿得罪他的父皇，也不愿意得罪郑贵妃，最后决定处死张差和郑贵妃手下的太监，草草了结了此案。经过此事之后，明神宗对朱常洛的看法逐渐有些改变，郑贵妃也不敢过分嚣张了，朱常洛也顺利地登上了皇位，成为了明光宗。

朱常洛登基之后，改年号为泰昌。他在做太子的时候，因为长期受父皇的冷落，心情压抑，寂寞难耐，无所事事，就沉浸于酒色。郑贵妃为讨好他，也因为之前的梃击案担心遭到报复，就给他送去精心挑选的美女服侍他。朱常洛身边的妃妾本来就很多，这下子他有些吃不消了。登基不到十日就患病在床，召内廷的御医崔文生治病，服用了崔文生的药之后开始腹泻，一天一夜要泄三十多次，当时有人称鸿胪寺的李可灼有仙丹妙药。光宗不断地催促身边的太监速招李可灼进宫，李可灼给光宗检查完毕之后，赶紧和药，马上进了一粒红丸，光宗服用之后，果真不再腹泻了，于是大大地称赞了李可灼一番。太监也高兴地向等候在宫门外的大臣们传话：皇上服了红丸后，"暖润舒畅，思进饮膳"。李可灼又进贡了一粒红丸，光宗服用之后，非常舒畅，担心

药力不够就又加服了一粒，还高兴地以为不久就会痊愈呢。不料刚到了五更天，宫中就传出急旨，召大臣们火速进宫，各位大臣匆匆穿上朝服来到宫中，只听见宫中已传出哀号声，光宗已命归西天了。

那红丸原来是以铅为主，掺入人参、鹿茸等药糅合而成的，人服用之后会觉得精神振奋，但光宗因为之前的好色行为，已经精力衰竭，不能再提神了，而且又连服两粒，元气一下子耗尽，身体虚脱，所以不到一个晚上便与世长辞。光宗尸骨未寒，紧接着宫中又发生了"移宫案"。

朱常洛后宫里除了有皇后、皇贵妃、贵妃、嫔等，还有选侍，选侍是地位比较低的妃子，但朱常洛的"东李"和"西李"两位选侍一直很得宠。天启皇帝朱由校的生母过世之后，一直由西李选侍照顾，光宗打算封西李为贵妃，但西李一直想当皇后，曾凭借照顾太子的功劳，在光宗面前屡次表明心迹。光宗驾崩后，西李封后的梦想破灭了，便想利用朱由校让自己住进乾清宫，好把持朝政。朱由校住在慈庆宫，要登临大位就必须回到乾清宫，为了让西李尽快"移宫"，杨涟、御史左光斗等多次上奏，还有大臣直言，李选侍借抚养之名想实行专制是想效仿武则天，所以不能出现后宫专权的情形。况且皇上登上宝座，上有列祖列宗庇佑，下有群臣拥戴，何用此妇人！朱由校听了觉得很有道理，便颁布上谕命西李移出乾清宫，移住仁寿殿，同时还收捕了西李身边的几个亲信太监，这样移宫已成定局。

明末三案牵涉到万历、泰昌、天启三代皇帝，但都和朱常洛有关，他是"梃击案"的直接受害者，又是因"红丸案"而殒命，"移宫案"也是因为他的宠妃想

居占乾清宫。这三个案子虽然都是发生在皇宫内部，但是对明朝的政治和前途却产生了深远影响。"明末三案"使朝廷过多地分散了精力，而对于关外的战事等重大问题却束之高阁，不予决断，并且加速了宦官专权，出现了像魏忠贤这样的阉党，使政治更加腐败、黑暗。"明末三案"又成为明朝后期党争的题目，使政治更加混乱。

明宫廷正忙于处理这三个大案的时候，努尔哈赤看准了时机，发动萨尔浒等重大战役，并向辽阳发动了进攻，明朝危在旦夕。

十二、杨乃武与小白菜

清朝末年同治光绪年间，曾发生过好几起奇案、冤案，杨乃武与小白菜的案件就是其中一件，甚至被称为晚清四大奇案之一。杨乃武与小白菜一案发生在清同治十二年（1873年）。浙江省余杭县余杭镇发生了一起命案，豆腐店伙计葛品连暴病身亡。他的妻子毕秀姑和秀才杨乃武作为犯罪嫌疑人，被严刑逼供后招认罪状。杨乃武家住余杭镇，33岁时中了举人。为人

正直，爱打抱不平，所以看不惯余杭镇的知县刘锡彤的一些做法，两人因此结下积怨。刘锡彤怀疑杨乃武与葛品连的妻子毕秀姑通奸，怕事情败露一起用毒药毒死葛品连，于是将杨乃武和毕秀姑二人拘押，并严刑逼供，使两人屈打成招，被判死刑。杨乃武的姐姐杨淑英、妻子詹氏不服，屡屡上诉，但都因为刘锡彤贿赂上下，官官相护，使此案依旧维持原判。但这个案子惊动了朝廷中一批主持正义的官员，他们联名上诉，要重查此案。慈禧太后亲自过问此案，朝廷下旨，由刑部开棺验尸，真相大白，冤案才得以昭雪。

家住余杭镇的葛品连在豆腐店打工，靠赚取微薄的收入养家，毕秀姑18岁和葛品连成婚，人长得漂亮，常穿绿白衣裙，人送外号"小白菜"，小白菜和葛品连结婚后租住杨乃武的房子。杨乃武和毕秀姑经常往来，两家相处得很和睦。因为杨乃武中过秀才，能识文断字，所以秀姑会经

常到杨乃武家聊天，杨乃武也教她识字。这样时间久了，街坊邻居就开始有闲言碎语了，大家开玩笑说"羊吃白菜了"。这些话传到葛品连耳中，他心里很不是滋味，也开始怀疑起来，于是搬出杨家。十月初七的那一天，葛品连觉得不舒服，浑身发热，双膝红肿，毕秀姑劝他不要去豆腐坊干活了，在家里面好好休息一下，他不听仍然坚持去豆腐坊帮工，初九的早晨回到家里，就开始浑身发抖，体内有寒症，喉咙中好像有东西堵着，口里还吐出了白沫，毕秀姑托人买来东洋参和桂圆熬成汤给他服下，但仍不见好转。把医生找来，说是痧症，开了处方，服用之后仍不见效果，一直到晚上气绝身亡，家人悲痛万分，给他换了衣服，尸体并没有什么异样。

直到初十那天晚上，尸体开始有变化了，口鼻中有淡淡的血水留出来，葛品连的干娘怀疑是中毒而死，于是告到衙门要

求验尸。知县刘锡彤听说后亲自率领验尸的官员前往验尸，验尸的人叫沈祥，他早和刘锡彤商量好了，把血水灌入葛品连口和鼻子中认作"七窍流血"，银针在咽喉处试探后拿出见有青黑物，认作是服毒致死。于是将毕秀姑抓进大牢，逼她承认与杨乃武私通后谋杀亲夫。秀姑不认，于是他便用夹手指的刑具残酷地夹秀姑的手指，秀姑忍受不住便承认了与杨乃武私通，然后用买来的砒霜毒死丈夫。刘锡彤随即传杨乃武对质，杨乃武不承认，大骂知县诬陷人。虽然杨乃武是新科举人，本不该用刑，但刘锡彤和上面打好了照面，然后对杨乃武动用重刑，杨乃武也被迫承认了。刘锡彤认为案子已经基本属实了，然后将验尸结果和审讯的情况报到杭州知府，杭州知府陈鲁听信知县的一面之词，对杨乃武又施以酷刑，逼他录口供。杨乃武只得被迫胡编一通，说是以毒老鼠为借口，到钱宝生药铺买来四十文钱

的砒霜，交给毕秀姑，让她投毒的。为了
获得钱宝生卖砒霜的旁证材料，刘锡彤
回到余杭镇传讯钱宝生核对，但钱宝生
声称自己家开的是小店铺，根本没有卖过
砒霜。县衙的人对钱宝生威逼利诱，让他
大胆地承认，不会连累他，要是不承认的
话，杨乃武的证词中提到了他，一定会加
重治他的罪。钱宝生于是作了伪证，还开
出了卖砒霜的票据。杭州的知府陈鲁见到
三个证据都齐了，就上报给浙江巡抚杨
昌睿，杨昌睿认为案情属实，以"谋夫夺
妇"罪上报刑部执行。杨乃武不忍心含冤
受刑，于是在狱中写下诉状，申诉冤情，让
自己的姐姐杨淑英带出去上访。

　　杨淑英和杨乃武的妻子詹彩凤，带
着诉状一同上京到督察院控告，结果无
人理会的二人反而被押送回浙江。第一
次上诉失败后，杨淑英找到了杨乃武在
杭州的同学吴以同，当时吴以同住在胡雪
岩家中，正巧当时的兵部侍郎夏同善期满

回京，路过杭州，胡雪岩为他饯行。在席中吴以同说出了杨乃武的冤情，夏同善答应回京后有机会的话定会帮忙。随后，杨淑英和詹彩凤又第二次来到京城，夏同善介绍她们遍访了三十多位浙江籍在京官员，并将写好冤情的状子投递到刑部。夏同善又联系到翁同龢，将案子的内情说给了慈禧太后。朝廷下旨派礼部侍郎胡瑞澜为钦差，到杭州复审此案。刘锡彤得知此事后，买通了上面的人，所以此案的审理仍然用大刑，杨乃武的两个腿都夹断了，毕秀姑的手指也被彻底夹断了，两个人在重刑之下再次含冤受诬，胡瑞澜将案子报到刑部。刑部却发现案情有疑点，有多处不符合常情，于是奏报到朝廷，又令胡瑞澜重审，并下旨这次会审不准动刑。杨乃武和毕秀姑这次虽然拼死翻供，但因为重要证人钱宝生已经病故，无法对质，案子还是无法重新审判。

吴以同又联合浙江三十多士人联名

奏请，请求将犯人押到京城审问，夏同善等京城的多名官员一同在慈禧太后面前为此案说话。朝廷下旨将此案的卷宗、人犯、证人连同葛品连的尸体一起押运到京城，刘锡彤也一同前往，刑部、督察院和大理寺一同会审，杨乃武详说了案情的经过，否认和毕秀姑通奸的事，更不承认投毒。毕秀姑也口呼冤枉，照实直说。又审问了尸亲及证人，提审了验尸的沈祥、药铺伙计等人，他们都意识到案情的严重性，一一供出实情。接着，又开棺验尸，发现尸身确属病死，并非中毒身亡，蒙冤三年多的案件终于真相大白了。

二月十六日，清廷下谕，革去刘锡彤余杭县知县职务，发配边疆赎罪。杭州知府陈鲁、宁波知府边葆诚、嘉兴知县罗子森、候补知县顾德恒、龚心潼、锡光草率定案，予以革职。侍郎胡瑞澜、巡抚杨昌睿玩忽人命，也予以革职。其他人员也已拟罪：沈祥杖打八十；门丁沈彩泉杖打一百，流放三千里；毕秀姑因为不避嫌疑，致招非议，杖打八十；杨乃武不遵礼教，革去举人；钱宝生病故，免去刑罚。

杨乃武与小白菜的冤案历经三年又四个月，案情曲折，轰动朝野。杨乃武出狱后，已是倾家荡产，生活苦难，他依靠亲友的帮助，赎回了几亩桑地。这时他虽然只有36岁，正当年富力强的有为之年，但经过这场灾难，早已是心灰意冷，轻易不与外界交往，专心致志研究孵育蚕种。余杭盛产丝绵，行销全国。杨家世代养

蚕，对育种有一
定的经验。过了
三年，杨乃武所
育蚕种的名气就传开了，远
近都来购买，他家的蚕种
牌记是"风采牡丹，杨乃
武记"。凡是杨家卖出的
蚕种，都盖上了这个牌
记。每到育种时，全家
大小日夜忙碌，家里生

活也日渐好转。杨乃武就是这样安静地
度过了自己的后半生，1914年患疮疽不治
而死，享年74岁，坟墓安在余杭镇西门外
安山村。毕秀姑出狱后，在南门外石门塘
准提庵削发为尼，法名慧定。庵里没有香
火，以养猪、养鸡为生。从此就在青灯古
佛旁、晨钟暮鼓中了却残生。她的墓塔建
在余杭东门外的文昌阁旁，为了表白自己
的清白和坦然，墓址选在河岸路旁。1930
年圆寂，享年76岁。